AF280913

Visualisierte Lyrik

Optische Erlebnisse und fraktale Kunst

Eduard Preis

Dorante Edition

Visualisierte Lyrik

Optische Erlebnisse
und fraktale Kunst

Eduard Preis

Bibliografische Information durch die Deutsche Nationalbibliothek: Die Deutsche Nationalbibliothek verzeichnet diese Publikation in der Deutschen Nationalbibliografie; detaillierte bibliografische Daten sind im Internet über http://dnb.d-nb.de abrufbar.

Herausgegeben durch das Literaturpodium, Dorante Edition
Berlin 2024, www.literaturpodium.de
ISBN: 9783759751584

Herstellung und Verlag: BoD – Books on Demand, Norderstedt

Vorwort und Verortung von visualisierter Lyrik

Visualisierungen sind ein Mittel zur Veranschaulichung von (komplexen) Inhalten und funktionieren meistens über die Darstellungsform des Bildes oder des bewegten Bildes. Eine rein buchstäbliche Visualisierung von Gegenständen mithilfe von Buchstaben findet sich im Bereich der Kunst und der Literatur vergleichsweise selten und stellt eher eine Peripherie dar, die heutzutage nur durch vereinzelte Lyriker unter den Synonymen ‚optische Poesie' und ‚Visuelle Poesie' verfolgt worden ist. Buchstaben in Form zu bringen und damit zu spielen, ist aber eigentlich kein modernes Phänomen, sondern wurde bereits in der Antike auf Griechisch und später im Mittelalter auf Latein praktiziert, mit dem Ziel die sprachliche Komplexität durch die visualisierte Form zu entlasten.

Simplizität an sich ist hierbei, nicht als minderwertig zu betrachten, sondern kann als Ausdruck der Welt verstanden werden. Zugleich kann auf Grundlage ebenjener Simplizität ein aufbauendes Konstrukt geschaffen werden, welches eine zunehmende Verflechtung und Tiefe aufweisen kann.

Aus ästhetischer Perspektive mögen visualisierte Gedichte als plump erscheinen und könnten mithilfe digitaler Medien gewiss attraktiver gestaltet werden. Zugleich offeriert die Begrenzung der visualisierten Poesie einen ganz eigenen Zugang zur Sprache und Kunst und schafft eine Verbindung aus dem, in unserem Kopf entwickeltem und vorgestelltem Bild und den sprachlich damit verankerten Symbolen in Form von Buchstaben. Der einerseits sprachlich reduzierte Gebrauch eines Alphabets grenzt die Leserschaft ein und öffnet zugleich durch die Darstellungsform das Gedicht für ein breites Publikum, welches einzig und allein, ohne die Sprache kennen zu müssen ein Verständnis für den Gegenstand entwickeln kann.

Wie kurz dargestellt, lassen sich sowohl Argumente gegen wie auch für die visualisierte Lyrik finden, letzten Endes obliegt es dem Leser zu entscheiden, inwieweit die visualisierte Lyrik eine ansprechende Lyrikform darstellt. Grundlegend hoffe ich, dass sich eine Freude, Spaß am Lesen sowie die Lust am Spiel mit der Sprache und Form beim erkunden der Lektüre entfalten kann.

Abschließend ein paar Worte des Dankes an meine Familie, meine Partnerin für die ununterbrochene und bedingungslose Unterstützung, Liebe und Wertschätzung. Weiterer herzlicher Dank gilt meinen Freunden für das Feedback, die großartigen, albernen und unvergesslichen Momente, die man gemeinsam erleben durfte. Außerdem gilt dem Team des Literaturpodiums mein Dank für die mittlerweile jahrelange Kooperation und Unterstützung bei der Gestaltung und Veröffentlichung meiner Bücher.

```
         DD   DD
       DDAADDAA
     DDAANDDAAN
   DDAANNDDAANN
   DAANNKDAANNK
   AANNKKAANNKK
    ANNKEANNKE
     NKEENKEE
      KEEKEE
        EE
```

Physisches

Allee

Straße
Baum Mensch		Baum
Baum		Baum
Baum ich		Baum
Baum Mensch		Baum
Baum		Baum
Baum Mensch		Baum
Baum	Hund	Baum
Baum		Baum
Baum		Baum
Baum		Baum
Baum Mensch Kind		Baum
Baum Mensch		Baum
Baum		Baum
Baum		Baum
Baum du		Baum
Baum		Baum
Baum er		Baum
Baum	sie	Baum
Baum		Baum
Baum		Baum
Baum Fahrradfahrer		Baum
Baum		Baum
Baum		Baum
Baum		Baum

Straße

Allee bei Nacht

	Straße	
Baum		Baum
Baum		Baum
Laterne		Laterne
Baum		Baum
Baum	Schatten	Baum
Laterne	ich	Laterne
Baum		Baum
Baum		Baum
Laterne		Laterne
Baum		Baum
Baum	Straße	Baum

Boxing

Start:
See the movement of the partner Move
faster - come on ...
Left, left,   right.
She just jump out of the fight!
- all right!
Stop!

Start:

I turn my side.
                                      Right, right,
left.

I hide.

What did she try? Come
closer ...
Don't flee ... don't
Stop!

Start:
Going down,
d a n c i n g,
a fakehit.

You get it!

Aggressive:
LEFT, LEFT
and leaf with a
LEFT.
Progressive:
Right, down
left, right.
Yeah - now we are in a fight! Stop!
Start:
See the movement of the partner Move
faster - come on ...

Chromatid

```
        C              C
        R              R
        O              O
         M              M
          A              A
           T              T
            I              I
             D    D
              C
             D    D
            I              I
           T              T
          A              A
         M              M
        O              O
        R              R
        C              C
```

Das Flugzeug - Boeing 737-800

```
            k
        c       p
     o              i
  c                     t


Exit            Exit
WC              WC
ABC1            1DEF
ABC2            2DEF
ABC3            3DEF
ABC4            4DEF
ABC5            5DEF
ABC6            6DEF
ABC7            7DEF
ABC8            8DEF
ABC9            9DEF
ABC10          10DEF
ABC11          11DEF
ABC12          12DEF
ABC13          13DEF
ABC14          14DEF
ABC15          15DEF    F
ABC16          16DEF      L  T
ABC17Exit17DEF              U
ABC18Exit18DEF              R   E
ABC19          19DEF        B      G
ABC20          20DEF        I         E
ABC21          21DEF        N          L
ABC22          22DEF        E
ABC23          23DEF
ABC24          24DEF
ABC25          25DEF
ABC26          26DEF
ABC27          27DEF
ABC28          28DEF
ABC29          29DEF
ABC30          30DEF
ABC31          31DEF
ABC32          32DEF
ABC33          33DEF
WC              WC
Exit            Exit


Flügel         Flügel

        Turbine

        Abgase
```

Echo

HALLO
 HALLO
  HALLO
   hallo
    hallo
     hallo
      hallo

Echo II

HALLO
 HALLO
  HALLO   HALLO
   hallo   HALLO
    hallo   HALLO
     hallo   hallo
      hallo   hallo
             hallo
              hallo

Felsspalte

```
FFF    FFF
EEE     EEE
LLL    LLL
SSS    SSS
EEE     EEE
NNN    NNN
```

Flagge

```
F - M   A   S   T
   F   A   R   B   E
L
   F   A   R   B
A
   F   A   R
G

G

E
```

Komet

Kkkkkooooommmmmeeeettɯ

Licht

LLLLLLIIIIIICCCCCCCHHHHHHTTTTTT
LLLLLIIIIICCCCCHHHHHTTTTT
LLLLIIIICCCCHHHHTTTT
LLLIIICCCHHHTTT
LLIICCHHTT
LICHT

Licht II

LLLLLLIIIIIIIICCCccchhhhhhtttttt
LLLLLIIIIICCCCchhhhhhttttt
LLLLIIIICCCchhhhtttt
LLLIIICCChhhttt
LLIICChhtt
LICht

18

Licht und Schatten

LSCHATTEN
ISCHATTEN
CSCHATTEN
HSCHATTEN
TSCHATTEN

Licht und Schatten II

LICHTLICHT
SCHATTEN
SCHATTEN
SCHATTEN
SCHATTEN

Regen

```
   R
 E
       G
 E
    N
  PFÜ
  TZE
```

Regenschirm

```
REGENREGENREGEN
REGENREGENREGEN
REGENREGENREGEN
REGENREGENREGEN
REGENREGENREGEN
REGENCHIRREGEN
REGES   S  MGEN
REGES   C   GEN
REGES   H   GEN
REGES   I   GEN
REGES   R   GEN
REGES     M GEN
```

Pyramide

```
        P
       Y Y
      R R R
     A A A A
    M M M M M
   I I I I I I
  D D D D D D D
 E E E E E E E E
```

Schachtel

SCH
ACH
TEL

Sch
Ach
Tel

sch
ach
tel

Leere

Schlange

```
S
 S
  S
  C
  C
C
H
 H
  H
  L
  L
L
A
 A
  A
  N
  N
N
G
  G
   G
  E
 E
E
```

Schriftgröße

36
28
26
24
22
20
18
16
14
12
10
8

Spinne

```
        M   U
B       N   D       B
  B    auge auge    B
   E  E INTHO N I E E
BB E  IN RAX N I E BB
  B  E INABDON I E B
B    E INMEN N I E   B
  B                 B
B                   B
```

Spinne II

```
B                     B
  B    auge auge      B
   E  E INTHO N I E E
BB E  IN RAX N I E BB
  B  E INABDON I E B
B    E INMEN N I E   B
  B                 B
B                   B
```

Sterne

```
R        S     S   T                  R              E         T
             T                T                E              E
     E                    N  E                        R                        E
T              N           E           E      R     T              N
```

Stillleben

```
            R  R
            OOOOO
RO          SE SE
SE S    S      S
        T  T   T
        I  I   I
        L  L   L
        VASEESAV
        VASESAV
        VASEAV
        VASAV
        VAAV
        VVV
STILLLEBENSTILLLEBENSTILLLEBENSTILLLEBEN
STILLLEBENSTILLLEBENEDUARDPREISSTILLLEBEN
```

Stillleben II

```
        RO
RO   SSEE    RO
SE S    S    S SE
        T  T   T
        I  I   I
        L  L   L
        VASEESAV
        VASESAV
        VASEAV
        VASAV
        VAAV
        VVV
STILLLEBENSTILLLEBENSTILLLEBENSTILLLEBEN
STILLLEBENSTILLLEBENEDUARDPREISSTILLLEBEN
```

26

Tears

T
E T
A T E
R E A
S A R
   R S
   S

TRAES
TESRATRSAE
SERRT

Vase

VASEESAV
VASESAV
VASEAV
VASAV
VAAV
VVV

Vogel

```
                 V
                VVV
                VOOV
            VVVVOOVVVV
          VVV    OO    VVV
      VV          GG          VV
  V               GG               V
                  EE
                  EE
                  LL
                 LLLL
                LLLLLL
```

Zebrastreifen

S C H W A R Z
S C H W A R Z
S C H W A R Z
S C H W A R Z

Zebrastreifen II

S W C E H I W ß A W R E Z
S W C E H I W ß A W R E Z
S W C E H I W ß A W R E Z
S W C E H I W ß A W R E Z

Das Dazwischen

10^3

0,00 000 000 000 000 000 1 - Atto
0,00 000 000 000 000 1 - Femto
0,00 000 000 000 1 - Pico
0,00 000 000 1 - Nano
0,00 000 1 - Mikro
0,00 1 - Milli
1
1 000 - Kilo
1 000 000 - Mega
1 000 000 000 - Giga
1 000 000 000 000 - Tera
1 000 000 000 000 000 - Peta
1 000 000 000 000 000 000 - Exa

aaaaa

aaaaa

aaaaa

aaaaa

aaaaa

aaaa

aaaaa

Fraktale Geometrie

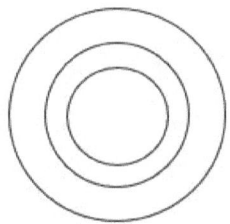

Fraktale Geometrie II

Leserichtungen

Die richtige Richtung des Lesens?

?Lesens des Richtung richtige Die

Die richtige Richtung des Lesens

Die
richtige
Richtung
des
Lesens

Reihenfolge

Reihenfolge
Eihenfolger
Ihenfolgere
Henfolgerei
Enfolgereih
Nfolgereihe
Folgereihen
Olgereihenf
Lgereihenfo
Gereihenfol
Ereihenfolg
Reihenfolge

n n n

n n nn nn nn n n
n n nn nn nn n n
n n nn nn nn n n
n n nn nn nn n n

nnnnnnnnnnnnnnnnnnnnn

N N

nnnnnnnnnnnnnnnnnnnnn

N N

n n nn nn nn n n
n n nn nn nn n n
n n nn nn nn n n
n n nn nn nn n n

Selbstbildnis

Was soll es sein?

Name:_____

Geschlecht
X Weiblich
Z Diverses
Y Männlich

Alter
1 ... 11... 111

Hautpigmentierung
333 Dunkel
33   Hell
3   Sehr hell

Haarfarbe
4 blond
3 schwarz
2 rot
1 braun

Gesichtskonturen
 kantig - unauffällig - fein
 lieblich - neural - grimmig
 hart - mittel - weich

Augen
...
blau
schwarz
braun
grün
grau
...

38

Form
...
schlank
athletisch
durchschnittlich
mollig
...

Herrkunft
...
Kaiserlich
Elfe
Ork
Argonier
Khajiit
...

Vielleicht alles zugleich?

- Heute lebe ich ein anderes Dasein -
Doch was soll es Morgen sein?
Ein jeder kreiert sich selbst, sein Sein

Zellteilung

Z
ELL
E

Z
ZELLE
E

Z
EL
ZELLE
ELL
E

Z
ELLE
ZELLE
ELLE
Z

Z
ELLE
Z
ELLE
Z
ELLE

Z
ELL
E

Z
ELL
E

Z
ELL
E

Metaphysisches

Du

du!
Du!
DU!
DUU!
DUUU!!
DUUU!!!

Du II

du
Du
DU
DUU
DUUU
DUUU

Du III

du?
Du?
DU?
DUU?
DUUU??
DUUU???

Höhen und Tiefen

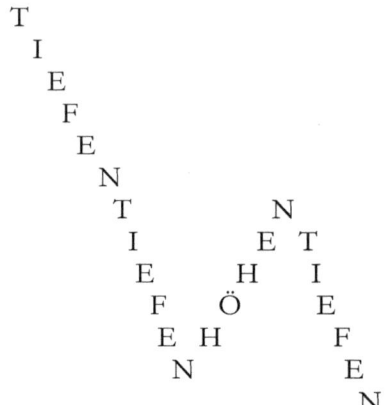

```
T
 I
  E
   F
    E
     N
      T           N
       I        E T
        E      H  I
         F    Ö   E
          E H      F
           N        E
                     N
```

Höhen und Tiefen II

```
            N
           E T
           H  I
           Ö  E
T    H        F
 I   N        E        N
  E           N        E
  H F         T        H
  Ö E         I        Ö
  H     N     E        H
            T    F E N
             I        E T
              E      H  I
               F    Ö   E
                E H      F
                 N        E
                           N
```

Höhen und Tiefen III

```
N
E
H N T I
Ö      E F
H          E N        N
           E  T I F E N
         H   I   H
         Ö       E
T     H    Ö F
 I  N      HÖHENHÖHEN
   E          N        E
  H F         T        H
  Ö  E        I        Ö
  H  N        E        H
         T      F E N
         I            E T
         E      H        I
          F   Ö      E
          E H            F
          N              E
                         N
```

Labyrinth

```
      H
      R
 T  Y  L  A  I
      B
      N
```

Liebe

```
   L              L
   I              I
    E              E
     B              B
      E            E
       L          L
        I        I
         E      E
          B    B
           B  B
            E
           L L
            II
           E  E
          B    B
           E  E
           L L
            II
           E  E
          B    B
           EE
```

Liebe II

```
L
 I
  E
   B
    E
     L                L
      I                I
       E                E
        B              B
         E            E
          L    L
           I    I
            E  E
             BB
             E
            LL
           I  I
          E      E
         B        B
         E          E
         ?          ?
        L     L     L
        I     II     I
         E    EE    E
          B  BB  B
           EEE
```

Liebe III

```
L
 I
  E
   B
    E
     L                L
      I                I
       E                E
        B              B
         E            E
          L L
           I I
            E E
           B B
            E
           LL
           I I
          E      E
          B      B
          E      E
          ?      ?
```

Liebe IV

```
        L       E
         I   B
           E
L         I  B
 I       L      E
  E  E
   B
  E  E
  I  L            L
L    I            I
      E            E
       B          B
        E       E
         L   L
         I   I
          E  E
          B B
          E
          L L
         I   I
       E         E
      B            B
     E              E
```

Liebe V

```
        L       E
          I   B
             ?
 L          I   B
   I       L       E
     E   E
      ?
     E   E
 I     L                   ?
 L     I                 I  I
         E                 E   E
           B             B       B
             E         E             E
            L   L
            I   I
            E   E
             B B
             ?
            L L
            I   I
         E           E
         B           B
         E             E
         ?             ?
```

Liebe und Ende

```
    L           L
    I           I
    E           E
     B         B
      E       E
       L     L
        I   I
        E   E
         B B
          E
         L L
          II
         E E
        B   B
         EE
         L L
          II
         E E
        B   B
         EE
        N   N
     D         D
    E           E
```

Liebe und Ende II

```
L
 I
  E
   B
    E
     L                   L
      I                   I
       E                   E
        B                   B
         E                   E
          L L
           I I
            E E
             B B
             E
             L L
             I I
            E E
           B  B
            E E
            L L
            I I
           E  E
          B   B
           E E
           N  N
         D    D
       E        E
                 E
                  N
                   D
                    E
```

52

Tautologie

```
   T
 E   A
 I   U
 G   T
 O   O
   L
```


Tasse

```
TTTTT S
AAAAA  S
 SSSSS  S
  EEEE
```


Wurm

```
    S
S      S   S
S      S      S
  S  S         S
              S
            S
          S
```

Handy

```
HHHHH
ALEERA
NLEERN
DLEERD
YLEERY
HHHHH
```

Handy II

```
HHHHH
A     A
N     N
D     D
YYYYYY
```

Zwei Löcher

```
  LL
O   O
C   C
  HH
```

```
  LH
O   C
C   O
  HL
```

Emoji-Art

Apfel

Baum

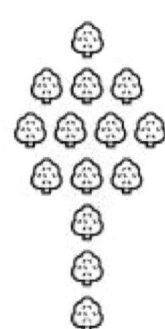

Baum II

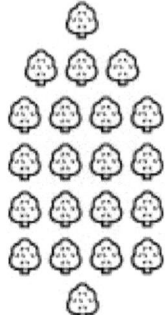

Bier

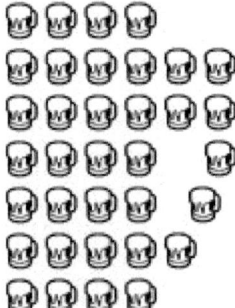

Birne

Blume

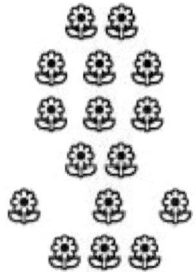

Ei

Erdbeeren

Käse

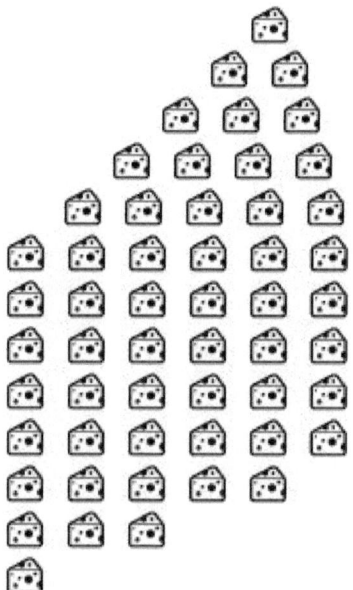

Kirschen

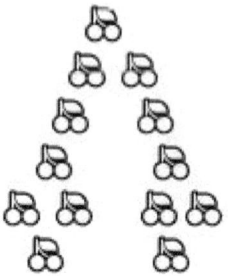

Orange

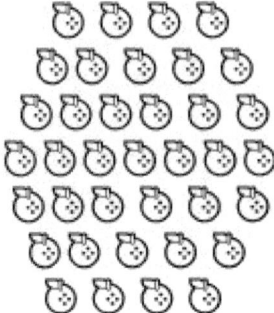

Pilz

Tomate

Tomate II

Zwiebel

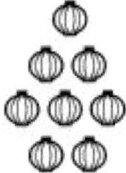

Regenschirm

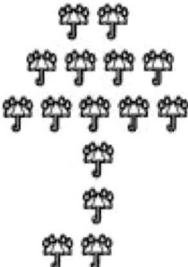

Wein

Rose

T-Shirt

Kleeblatt

Kleeblatt II

Sonne

☀
☀☀☀
☀

☀☀
☀☀☀
☀☀

Inhalt

Physisches

Eduard Preis

geboren 1994, studierte die Fächer Germanistik, Geschichte, Philosophie und Erziehungswissenschaften sowie den interdisziplinären Studiengang Kultur der wissenschaftlichen Welt. Nach dem Vorbereitungsdienst arbeitet der Autor hauptberuflich an einer Schule und promoviert parallel im Bereich der Technikgeschichte. Bereits in jungen Jahren fing Eduard Preis mit dem Dichten an und debütierte 2020 mit seinem Werk: „Einzig dieser Moment". Darüber hinaus publizierte er in Anthologien wie „Zum Klostergarten", „So sind die Tage noch ein Warten", „In der Blütenwelt flanieren, „Schwalben am Teichufer", „Glücklich sind jene, die wahre Freundschaft kennen", „Reiseträume erfüllen sich", „Eine Tasse Tee genießen", „Kraniche landen" und „Zurück in Marrakesh" zahlreiche weitere Gedichte, Haikus und epische Texte.

Kontakt: preis.eduard@hotmail.de

Einzig dieser Moment

Gedichte und philosophische Poesie

Eduard Preis

116 Seiten, Dorante Edition, 2020

Wie durchlaufen wir den Bogen des Lebens? Im Band finden sich eine Vielzahl philosophisch akzentuierter Gedichte. Bewegung und Stillstand ergeben zwei ewige Gegensätze. Sie bestehen jedoch nur aufgrund ihrer gegenseitigen Verbundenheit. Diese Einheit wird uns in manchen Augenblicken bewusst. Solche Momente bewegen uns, wir halten inne und reflektieren über den Lauf der Dinge, die Welt wie sie beschaffen ist. Doch führt uns der Autor auch in die Gestade der Träume, lädt uns nach Lappland ein oder fragt nach dem Erhalt der ökologischen Balance. Umarmungen und die Gestalten der Liebe lassen sich auffinden. Folgen Sie den Eisenbahnschienen des Nordens oder den Spielarten moderner Kunst. Einige Gedichte sind um eine englische oder russische Version ergänzt.

Leseprobe: www.literaturpodium.de oder Thalia, Buecher.de u.a.

Der tiefe Fall des Wolfram Harth

Drama

Rainer Daus

80 Seiten, 2020

Wolfram Harth, ein Schriftsteller, wird zu einer Live-Sendung nach Köln eingeladen, um mit anderen Teilnehmerinnen über »Die Rolle und Bedeutung der Frau in der zeitgenössischen Literatur« zu diskutieren. Während dieser Sendung kommt es zum Eklat mit der Feministin Isolde Schlingenflechter-Hatz, die ihm - sexistische - Passagen in seinen Romanen vorhält. Nach der Liveübertragung unterläuft Harth ein folgenschwerer Lapsus. Ein öffentlicher Shitstorm rollt über ihn hinweg. Doch dann nimmt die Situation eine weit dramatischere Wendung. Es geschieht, was er nur im Affekt dem Freund sagte. Damit gerät er ins Fadenkreuz polizeilicher Ermittlungen.

Leseprobe, Inhalt: www.literaturpodidum.de

Jahre im September

Gedichte und Erzählungen

Marko Ferst

212 Seiten, Edition Zeitsprung, 2017

Über Ostseeinseln wie Öland und Usedom streifen die Gedichte. Sie führen in die schwedische Schärenstadt sowie nach Buchara, Samarkand oder in den Ural. Magische Ausflüge in die Natur und Tierwelt tauchen auf. Gedichte zu Musik, Literatur und Malerei reichern diesen Lyrikband an. Unter die Lupe genommen wird der Drang der Regierenden, uns mehr und mehr auszuspionieren. Kritik zieht das gescheiterte Afghanistan-Abenteuer auf sich, das syrische Totenfeld wird umrissen. In Bangladesch zeichnen sich weitere Landnahmen des Meeres ab, Wasserstände, die mit unserem verschwenderischen Lebensstil im Norden verbunden sind. Sondiert wird, warum unsere Zivilisation ökologisch zu scheitern droht, sich längst im Spätstadium befindet. In der Arktis zeigt sich, wie weit das Vorspiel zum Klimaumsturz schon gediehen ist. Spitzbergen archiviert unsere letzten genetischen Hoffnungen. Den Spuren und Abgründen einer mysteriösen Krankheit wird nachgegangen. Der Band enthält zwei Erzählungen - eine arktische Begegnung zwischen weißen Raubtieren und einen Blick in das sowjetische Speziallager Sachsenhausen.

Leseproben: www.umweltdebatte.de Bestellung: marko@ferst.de

Brücken ins Land

Erzählungen

Sabine Naumann, Marko Ferst, Elisabeth Gehring, Fritz Leverenz, Peter Lechler u.v.a.

376 Seiten, Edition Zeitspung, 2021

Von einer Hochzeit in den Jurten der mongolischen Steppe, grandiosen Landschaften wird erzählt. Ein Ausflug auf dem Dromedar in Sahara-dünen endet in den Fängen von Ganoven. Der Band enthält zahlreiche spannende Liebeserzählungen. Vom Schicksal eines Lehrers berichtet ein Beitrag, seine Frau kehrt von einem Kongress im Ausland nicht zu-rück in die DDR. Der Krieg in Syrien unterbricht das musikalische Üben eines Jungen, in Deutschland bekommt er eine neue Geige. Wie ein Kind in Brokdorf hineinwächst in die Anti-AKW-Bewegung, zeigt eine Auto-rin, bis hin wie die Polizei illegal Menschen einkesselt in späterer Zeit. Ein Gericht in Chile soll einen Brand klären, ein Lager mit Biberfallen fackelte ab. Ein Fliegermord soll aufgeklärt werden. Eine junge Frau, zur russischen Kommandantur beordert, gelangt unschuldig in ein Spezial-lager bei Berlin. Beim Schlachtefest kommt die Sache mit dem Schwein zur Sprache, das nach fruchtiger Kost ausnüchtern mußte.

Leseproben: www.literaturpodioum.de